AF452984

LA SCIENCE

EN MINIATURE.

TOME SECOND.

PARIS. — IMPRIMERIE DE CASIMIR,
rue de la Vieille-Monnaie, nº 12.

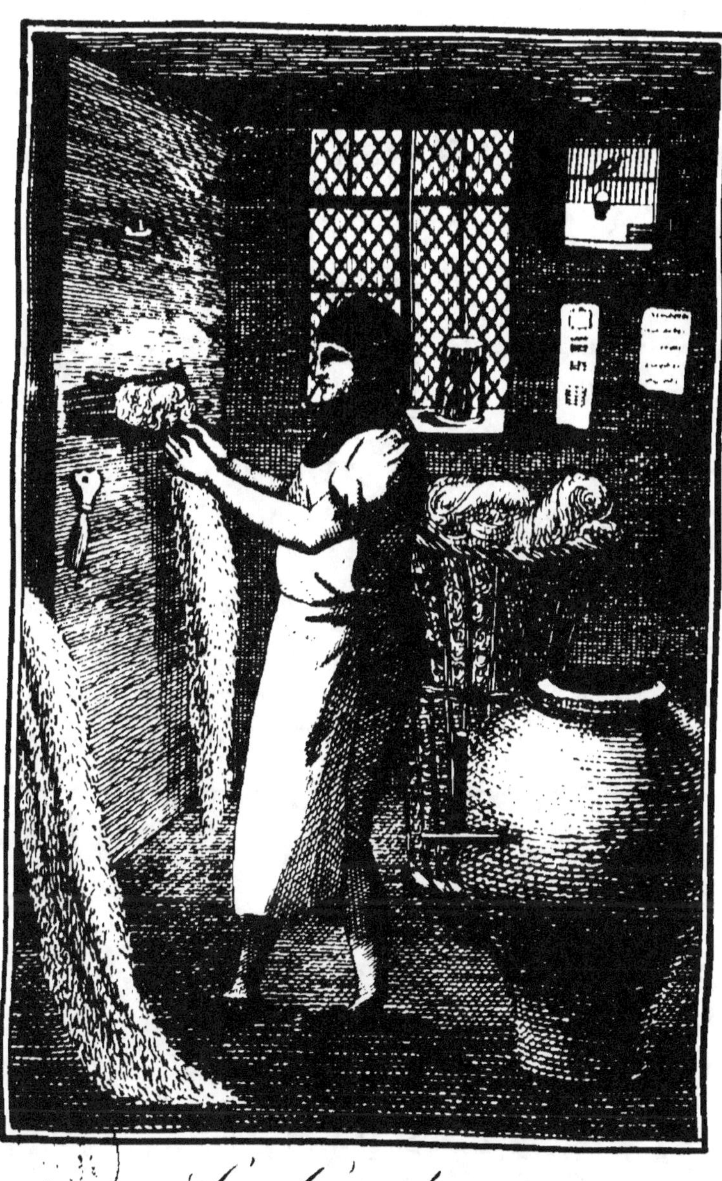

Le Cardeur.

LA SCIENCE

EN MINIATURE,

ou

COLLECTION

DES ARTS ET MÉTIERS UTILES,

MISE A LA PORTÉE

DE LA JEUNESSE;

OUVRAGE IMITÉ DE L'ANGLAIS,

SUR LA TROISIÈME ÉDITION,

Et enrichi de vingt-quatre Gravures en taille-douce, ainsi que de la Description de différens Procédés nouveaux suivis en Angleterre.

PAR T. P. BERTIN.

TOME SECOND.

A Paris,

CHEZ LEDENTU, LIBRAIRE,

QUAI DES AUGUSTINS, N° 31.

1833.

LA SCIENCE

EN MINIATURE.

LE CARDEUR DE LAINE.

L'attitude du cardeur de laine dans la gravure le représente dans une seule partie de son métier, c'est-à-dire occupé à passer la laine au peigne; la laine sur laquelle il travaille est le poil des brebis, beliers, agneaux et moutons. Lorsque la laine est cardée, filée et lissée, elle sert à faire des bas, des tricots, des tapis de toute espèce, et beaucoup d'étoffes nécessaires à l'habillement de l'homme.

Tant que la laine reste dans l'état où elle se trouve lorsqu'on la tond sur le dos de la brebis, elle se nomme toison ; chaque toison consiste en laine de qualités et de degrés de finesse différens, dont le marchand de laine fait le triage, et qu'il vend à différens prix.

La laine la plus fine croît sur la tête et au cou de l'animal ; la plus grossière est aux environs de la queue; la plus courte vient sur quelques parties du ventre et sur la tête; la plus longue sur les flancs.

La laine se tond quand l'animal est vivant; elle s'arrache quand il est mort.

Dans le premier cas on l'appelle toison; l'autre espèce se nomme pelade; lorsqu'elle est très-courte on l'emploie à faire des chapeaux.

La laine destinée à la fabrication des étoffes est mise par le cardeur en état d'être filée; il commence par la laver dans une

cuve, et quand elle est très-pro-
pre il en attache un bout à un crochet fixe, et l'autre à un crochet
mobile qu'il tourne avec un manche, jusqu'à ce que l'humidité en
soit parfaitement épuisée; on la
place alors légèrement dans un
panier tel que celui qui est représenté dans la gravure; le cardeur l'étend ensuite en couches
légères qu'il asperge de quelques
gouttes d'huile; après cela il la
dépose dans un coffre placé sous
le banc sur lequel il s'assied pour
travailler; derrière ce coffre il en
est un autre pour les peignures
ou bourres, c'est-à-dire pour les

parties de la laine qui restent au fond du peigne après que la bonne laine a été peignée.

La forme du peigne se voit dans la planche; chaque peigne ou carde a trois rangs de dents parallèles les unes aux autres : les meilleurs peignes d'Angleterre se fabriquent à Hallifax, dans le Yorkshire. Les dents de ces cardes doivent être faites d'acier trempé de tout son dur, et fixées dans une planche carrée, très-unie, qui se termine par un manche placé perpendiculairement; cha-que ouvrier a deux de ces cardes; il leur donne un degré de chaleur

passablement fort en les introdui-
sant dans une espèce de grande
jarre (*voyez* la planche), au fond
de laquelle il y a des charbons
de bois allumés, de la meilleure
qualité.

Lorsque ces peignes sont
chauds il met sur chacun d'eux
une certaine quantité de laine,
après l'avoir débarrassée de ses
nœuds ou durillons et de tous
les obstacles qui peuvent contra-
rier son travail; il carde alors la
laine en la faisant passer d'un
peigne à l'autre jusqu'à ce qu'elle
soit très-adoucie ; après avoir fait
chauffer de nouveau ses cardes ,

il les fixe l'une et l'autre à un clou à crochet, et détire la laine en un long lambeau de cinq ou six pieds de long; ce qui reste sur sa carde ne peut servir qu'à la fabrique de couvertures, de tapis, ou d'un drap très-commun.

En général quatre cardeurs travaillent dans le même atelier, qui doit être assez grand pour admettre huit cardes; il y a par conséquent dans chaque atelier de cardeurs quatre bancs séparés et autant de jarres; on y voit presque toujours un sable ou sablier avec lequel les ouvriers mesurent le temps, et qui est confié à la surveillance d'un d'entre eux ; la petite fiole qui est au-dessous du peigne est remplie d'huile dont le cardeur se sert par intervalles ; on voit sur un côté du mur des complaintes qui y sont affichées ; il y en a toujours plusieurs dans chaque atelier de cardeurs à Londres.

Il règne en Angleterre un usage assez singulier parmi les cardeurs ; lorsqu'un d'eux manque d'ouvrage, il va chercher de l'occupation dans tous les ateliers de carderie, muni d'un certificat de son dernier maître ; c'est ce qui s'appelle *battre le pavé*, et à chaque boutique où il se présente, et où il ne peut pas obtenir de l'ouvrage, il reçoit deux sous pris sur un fonds mis en réserve à cet effet par eux-mêmes : il y a dans chaque atelier un banc carré où s'asseoit l'ouvrier qui cherche de l'ouvrage.

Le cardage des laines est une des opérations préparatoires de la fabrication de la trame, et, après le dégraissage, le premier procédé pour faire des flanelles, des serges, des étoffes de toute espèce, telles que la panne, la revêche, la callemande et le drap.

L'invention du cardage est attribuée à l'évêque saint Blaize, patron des cardeurs anglais, en l'honneur duquel tout le corps de ces ouvriers donne un très-grand repas le 3 février de chaque année.

Une balle de laine, qui pèse 200 livres de France, emploie par semaine soixante-trois personnes pour la disposer à être convertie en drap, savoir, trois personnes pour la trier, la mêler, la sécher, et la rendre propre à passer dans les mains du cardeur; cinq pour la drousser ou l'imbiber d'huile; trente-cinq femmes et enfans pour la carder ou la filer; huit hommes pour l'ourdir, et douze pour la rouler sur des bobines, pour la dégraisser et la teindre de différentes couleurs.

La laine employée en étoffes, comme serge, droguet, drap, etc., occupe deux cents ouvriers; tricotée, elle fournit de l'ouvrage à cent quatre-vingt-quatre personnes, c'est-à-dire dix cardeurs, cent deux fileuses, devideuses, etc., soixante tricoteurs et tricoteuses, onze garnisseuses, couseuses et brodeuses, et un teinturier.

Les laines d'Angleterre sont celles qui prennent le plus facilement la teinture, parce que, comme il n'y a pas de loups dans cette île, les moutons séjournent paisiblement pendant la nuit dans les champs, et que la rosée rend leur laine extrêmement blanche, extrêmement propre, et par conséquent très-facile à teindre.

Les matériaux sur lesquels travaille le cardeur ont donné lieu aux expressions proverbiales suivantes : on dit proverbialement et figurément d'un homme qui souffre tout, *qu'il se laisse man-*

ger la laine sur le dos ; on dit figurément et proverbialement d'un homme extrêmement avare qui veut épargner sur tout, même sur les petites choses, *qu'il tondrait sur un œuf.*

LE CALFAT.

Un vaisseau a été défini un bâtiment qui consiste en différentes parties et pièces clouées et chevillées avec du fer et du bois, et auquel on donne une forme qui le rend propre à flotter et à être gouverné de mers en mers avec le secours des vents et des voiles.

Le mot *navire* est un terme

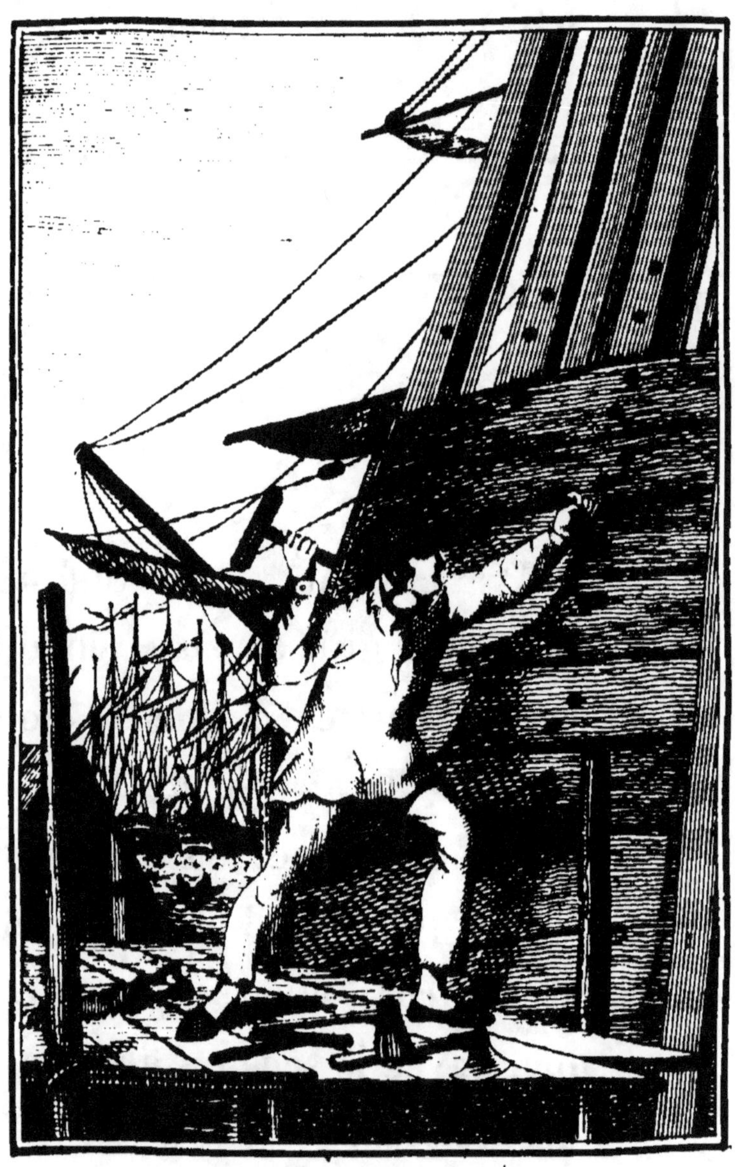

Le Calfat.

général pour exprimer un grand vaisseau pourvu de voiles; mais les marins appliquent plus particulièrement ce nom à un vaisseau à trois mâts; dont l'un se nomme le grand mât, l'autre le mât de hune, et le troisième le mât de perroquet.

Un calfat est un ouvrier employé à construire ou à réparer des vaisseaux; la construction des navires est un des arts les plus importans, surtout pour l'Angleterre, dont la marine fait la défense et la richesse. Les savans ont fait de cette construction une science qu'ils appellent *architecture navale ;* un corps très-respectable de gens instruits s'est formé depuis quinze ans à Londres, pour l'avancement de cet art.

Il y a trois choses à considérer dans la construction d'un vaisseau ; d'abord il est nécessaire de lui donner la forme la plus propre à le rendre fin voilier et capable de faire le service pour lequel il est destiné ; secondement il faut réunir ses différentes parties en un tout solide et compacte ; troisièmement enfin, lui donner la commodité convenable pour les officiers et l'équipage, ainsi que pour la cargaison, les agrès, les provisions, l'artillerie et les munitions.

L'extérieur d'un vaisseau comprend le fond, c'est-à-dire la *carène* ou les *forces vives*, partie qui se trouve sous l'eau quand le vaisseau est chargé; les parties du navire qui sont hors de l'eau quand il est chargé se nomment *forces mortes*. Pour donner une forme convenable au vaisseau, il est nécessaire de considérer le service auquel il est destiné; un vaisseau de guerre ou de ligne doit cingler facilement et porter son premier rang de canons à près de cinq pieds hors de l'eau; un vaisseau marchand doit être en état de contenir une forte cargaison de marchandises, et d'être manœuvré par peu de personnes; il faut que tous deux soient faits de manière à bien porter leurs voiles et à avoir un bon sillage, c'est-à-dire à bien voguer et à soutenir les coups de mer sans en beaucoup souffrir.

Le vaisseau se construit principalement en madriers de chêne, qui de tous les bois est le plus ferme et le plus solide, et par conséquent le plus propre à se conserver sain dans l'eau , à supporter la lame des vagues et le choc terrible des boulets de canon : le chêne jouit à cet égard d'un avantage particulier sur tous les autres arbres, c'est qu'il n'est pas sujet à se fendre ni à éclater, de sorte qu'un boulet peut le traverser sans y faire un grand trou.

Un vaisseau pendant sa construction est soutenu dans le chantier ou sur un quai par un certain nombre de pieux ou étançons placés à égales distances les uns des autres , et parallèles entre eux.

La première pièce d'un vaisseau posé sur les étançons est ordinairement la quille, qui d'un bout entre dans l'étambord, et de l'autre dans la poupe : si l'on peut comparer la carcasse d'un vaisseau au squelette du corps humain, la quille doit être considérée comme l'épine du dos, et les couples ou flancs du vaisseau comme les côtes.

La poupe est la partie du derrière d'un vaisseau, près de laquelle est la chambre du capitaine.

On fixe auprès de la poupe, c'est-à-dire à l'étambord, les

ferrures qui servent à fixer le gouvernail avec lequel on dirige la course du navire.

La proue ou l'éperon est une pièce de bois circulaire en avant du vaisseau, dans laquelle on insère ses flancs ou côtés : l'extérieur de la proue est ordinairement marqué d'une échelle ou d'un index marquant une division de pieds gradués suivant sa hauteur perpendiculaire, à partir de la quille; la fonction de cette échelle est d'indiquer combien le vaisseau tire d'eau lorsqu'on se dispose à faire un voyage en mer.

La gravure représente le calfat debout à la proue, sur un échafaud, et chassant des chevilles ou des coins avec son maillet dans des trous qui ont été percés de part en part; les têtes de ces chevilles sont ensuite coupées avec une scie; à ses pieds on voit sa tarière qui lui sert à percer de grands trous, sa hache et des maillets de plusieurs espèces.

Le calfatage d'un vaisseau est une opération très-importante; elle consiste à enfoncer des étoupes, ou la substance de vieux câbles détordus et remis en chan-

vre, dans les jointures des planches ou bordages, pour empêcher le vaisseau de faire eau; on
recouvre ensuite ces étoupes de
goudron ou résine fondue, qui
les empêche de se pourrir : on
forme, pour enduire ou espalmer
la carène du vaisseau, un mé-
lange composé d'une partie de
suif, une de soufre et trois de
résine; les flancs ou côtés sont
ordinairement espalmés avec du
goudron et de la térébenthine ou
de la résine.

Pour rendre les vaisseaux fins
voiliers, on en double en cuivre
les parties qui sont en contact

avec l'eau ; les mâts de navires se font de sapin ou de pin : on emploie de préférence cette espèce de bois, parce qu'il est droit et léger. La longueur du grand mât d'un vaisseau de la Compagnie des Indes a environ quatre-vingts pieds : les mâts ont toujours une certaine proportion avec la largeur d'un vaisseau.

Quelle que soit la largeur d'un navire, en multipliant cette largeur par douze, et divisant le produit par cinq, le quotient donnera la longueur du grand mât ; ainsi un vaisseau qui mesure trente pieds dans sa largeur devra avoir un grand mât de soixante-douze pieds de long. La grosseur d'un mât s'estime par un pouce de diamètre sur chaque longueur de trois pieds de ce mât; par conséquent un mât de soixante-douze pieds de hauteur doit avoir deux pieds ou vingt-quatre pouces de diamètre à sa base : on suit différentes proportions pour les autres mâts. C'est aux mâts que l'on attache les vergues, les voiles et agrès nécessaires à la navigation; on confie souvent dans un chantier à six ou huit contre-maîtres la construction d'un vaisseau, sous

la surveillance d'un chef cons-
tructeur.

Lorsque la construction d'un
vaisseau est entièrement terminée, il faut le lancer, c'est-à-dire
le faire passer du chantier dans
la mer. Pour rendre cette opération facile, on supporte le navire,
aussitôt qu'il est achevé, sur
deux fortes plates-formes placées
dans une inclinaison graduelle
jusqu'à la mer; on dispose sur la
surface de ces plates-formes in-
clinées deux rangées de planches
correspondantes, qui composent
la base d'un châssis appelé *berceau*, auquel on attache solide-

ment le navire; on enduit de graisse les surfaces de ce berceau et des plates-formes; on retire ensuite les coins et les pieux ou étançons qui supportaient le vaisseau; on coupe tous les autres soutiens, c'est-à-dire les acores et épontilles qui le retiennent encore sur le chantier, et il glisse aussitôt dans la mer.

Les vaisseaux de premier rang sont pour l'ordinaire construits dans des bassins à sec, et on les met à flot en ouvrant des écluses et en laissant la marée entrer dans le bassin aussitôt après qu'ils sont finis.

La mer et les instrumens nécessaires à la navigation ont donné
lieu aux proverbes suivans : on
dit des petits secours qu'on porte
à des choses qui en demandent
de très-grands, *c'est une goutte
d'eau jetée dans la mer; c'est la
mer à boire* se dit d'un travail
dont on appréhende la longueur;
caler la voile dans quelque affaire
signifie se relâcher de ses pré-
tentions, se radoucir, parler avec
moins de hauteur; on dit figurément et proverbialement *être à
la rame, tirer à la rame*, pour
travailler beaucoup, être accablé
de travail.

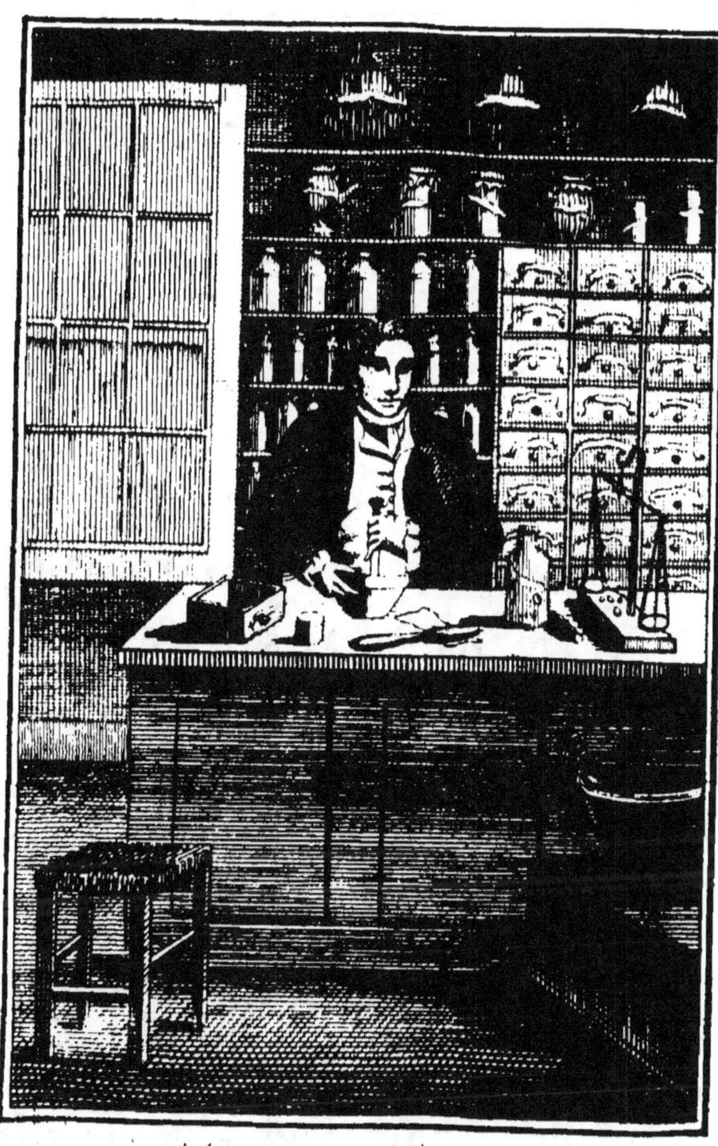

L'Apothicaire.

L'APOTHICAIRE.

La vocation d'un apothicaire est de préparer des médicamens ou des remèdes, soit d'après son propre jugement, soit d'après l'ordonnance du médecin ; en Angleterre, il donne aussi des consultations aux malades.

Tout le monde sait que le mot grec *apothéké* signifiait originairement toute espèce de magasin ou dépôt ; de là les propriétaires

2.

de ces dépôts ont pris le nom d'apothicaires. On appelait autrefois apothicaires ceux qui, dans les maisons royales et chez les grands, préparaient les conserves, les sirops, les confitures, et particulièrement des fruits incrustés dans du sucre; ils faisaient par conséquent les fonctions de confiseurs.

C'étaient encore eux qui composaient toutes les liqueurs, et l'eau-de-vie a été pendant un long espace de temps exclusivement vendue chez les pharmaciens, qui ne l'administraient que comme remède.

Il est probable qu'avant l'exis-
tence des apothicaires les méde-
cins préparaient eux-mêmes leurs
médicamens, et qu'ils n'ont employé les pharmaciens que lorsqu'étant trop occupés eux-mêmes,
ils se sont trouvés obligés de
recourir, pour préparer des drogues, à des hommes instruits de
leur voisinage, dans lesquels ils
pouvaient mettre leur confiance,
et dont ils faisaient le bien-être
en leur remettant une partie de
leur occupation.

La profession d'apothicaire remonte cependant fort loin ; on
trouve dans l'histoire d'Angle-

terre qu'Édouard III, qui vivait en 1312, fit une pension de six pences (12 s.) par jour à Coursus de Gangeland, apothicaire de Londres, pour avoir traité et soigné Sa Majesté pendant sa maladie en Écosse : cette anecdote est la première où il soit fait mention d'un apothicaire.

En 1712 l'importance de cette profession fut ·reconnue par un acte du parlement, qui exempta pendant un temps limité les apothicaires du service de constables ou commissaires de quartier, d'inspecteurs des boues, de toutes les charges de paroisses et de la fonction de jurés : cet acte, quelques années après, fut rendu perpétuel.

Le corps des apothicaires a dans la ville de Londres deux grands laboratoires où tous les chirurgiens viennent se fournir de médicamens pour la marine anglaise ; on y vend aussi des drogues de toute espèce pour le public, qui peut compter sur leur état de pureté, et n'a pas à craindre qu'elles soient adultérées ou sophistiquées.

Dans différens endroits de l'Angleterre, et particulièrement dans les villes opulentes, les premières boutiques d'apothicaires furent établies aux dépens du public; un jardin particulier fut mis à la disposition d'un pharmacien qui pouvait y élever des plantes nécessaires à son état.

C'est d'après ce principe que sir Hans Sloane, dans l'année 1721, fit don à la société des apothicaires d'une pièce de terre à Chelsea, sous la condition de lui payer annuellement la modique somme de cinq livres sterling, de l'entretenir toujours comme jardin médicinal, et de donner tous les ans cinquante échantillons de plantes qui y croîtraient, jusqu'à ce qu'elles s'élevassent au nombre de deux mille : la dernière de ces conditions a été depuis exactement remplie. Il y a dans ce jardin deux cèdres magnifiques qui y ont été plantés en 1683, et qui n'avaient alors qu'environ trois pieds de hauteur; le pin, le cafier, le thé et la canne à sucre sont au nombre des curiosités que l'on peut voir dans ce jardin.

La profession d'apothicaire est très-distinguée, et un jeune homme qui se destine à l'état de pharmacien doit être fort instruit; il faut au moins qu'il sache assez de latin pour lire les meilleurs écrivains qui ont écrit sur la médecine médicamentaire.

Les principales opérations du pharmacien sont la conservation, la dessiccation, la cribration, la pulvérisation, la malaxation, la distillation, la décoction, l'infusion, la macération, l'expression, la filtration, l'action de monder, la dépuration, l'émulsion, la clarification, la rectification, l'aromatisation, l'édulcoration, l'embrocation et l'injection.

Les principaux instrumens de l'apothicaire sont l'alambic, le serpentin et le réfrigérant, pour faire ses distillations ; la chausse, qui sert à clarifier les liqueurs ; la lampe docimatique, qu'il emploie à différentes opérations chimiques ; les spatules avec lesquelles il retire des bocaux les onguens, les sirops, les pâtes et toutes les substances visqueuses ; des entonnoirs, des balances, qui ne peuvent pas être trop exactes ; le mortier, le pilon, etc.

L'alambic étant l'instrument le plus utile au pharmacien, nous en donnerons la description. Il se compose de deux parties principales, c'est-à-dire une inté-

rieure, appelée *cucurbite*, destinée à recevoir les matières à
distiller, et une autre appelée
chapiteau, parce qu'elle recouvre
la première ; celle-ci est munie à
sa base d'une rigole dans laquelle
retombe la matière distillée, qui
est conduite à l'extérieur par un
tuyau fixé à l'un des côtés du
chapiteau, et à travers lequel
passe la vapeur de la substance
distillée.

Le serpentin est un tuyau con-
tourné en forme de serpent.

Le réfrigérant est un tonneau,
une cuve ou un vaisseau quelconque rempli d'eau, et dans lequel

se place le serpentin; dès que la vapeur passe dans le serpentin, elle est saisie par le froid du li- quide du réfrigérant, et se ré- sout en gouttes ou en liqueurs.

On conçoit aisément qu'en France et dans tous les pays une bonne police a dû veiller à ce que cette branche de la médecine, qui consiste à composer des remèdes, ne fût confiée qu'à des gens de la capacité et de la probité desquels on se serait assuré par des exa- mens, des expériences, des chefs- d'œuvre, des visites, et tous les autres moyens que la prudence peut suggérer envers des hommes chargés de vendre, de composer les baumes, emplâtres, onguens, sirops, conserves, huiles, miels, et toutes sortes de médicamens qui entrent dans le corps humain. Cette profession requiert une longue expérience, attendu que l'on ne peut y être trop circonspect, et que la première faute qui s'y commet n'est quelquefois pas réparable.

C'est pour cette raison qu'il est défendu à toutes sortes de personnes, de quelque qualité et état qu'elles soient, d'entreprendre, vendre et distribuer aucunes médecines et drogues du ressort de la pharmacie, sans y être autorisées par les magistrats.

La gravure représente l'apothicaire à son comptoir; il tient dans sa main un pilon avec lequel il broie quelques drogues dans son mortier; à côté de lui, à sa droite, est une balance; devant lui une ordonnance de médecin; à sa gauche un tiroir; on aperçoit dans le fond de sa boutique des bocaux de toutes les grandeurs.

On dit proverbialement *faire de son corps une boutique d'apothicaire*, pour dire prendre trop de remèdes; *des parties d'apothi-*

caire, pour dire des parties ou un mémoire sur lequel il y a beaucoup à rabattre; *un apothicaire sans sucre*, pour indiquer un homme qui n'est pas fourni des choses qui regardent sa profession; on dit figurément ou ironiquement d'un homme qui fait bien valoir ce qu'il dit, *qu'il débite bien ses drogues*.

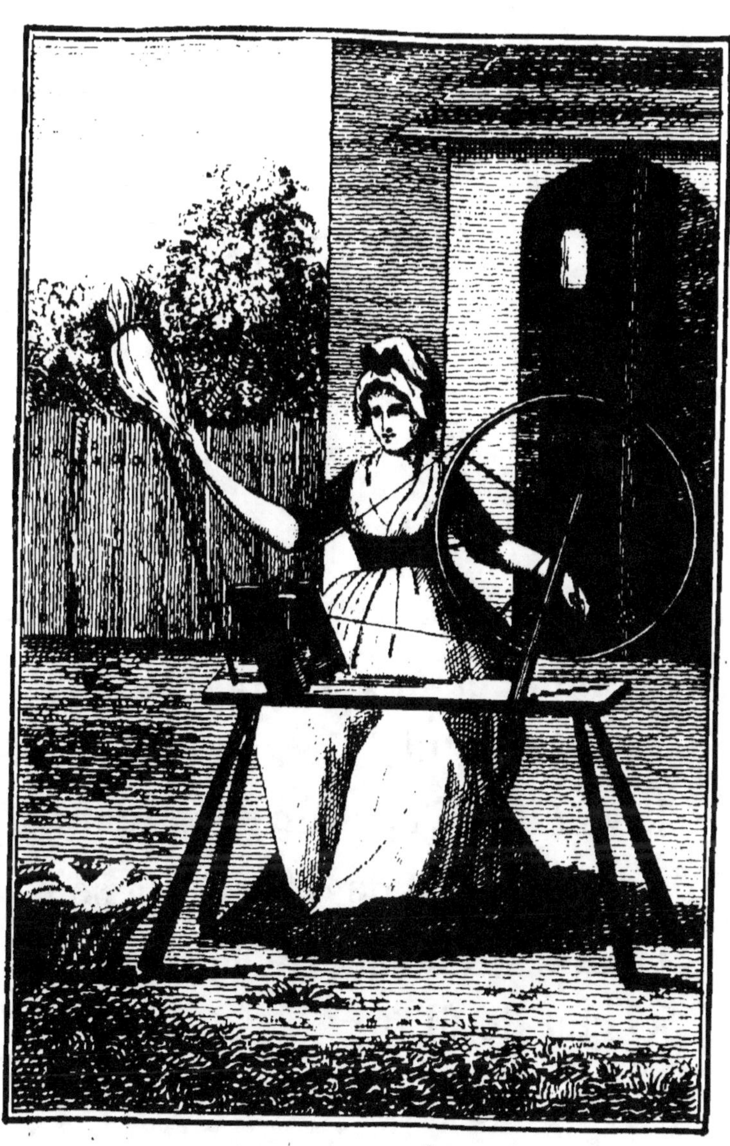

La Fileuse

LA FILEUSE.

Dans la plupart des villages, l'art de filer est abandonné aux femmes et aux enfans, qui travaillent en plein air, comme on le voit dans la gravure. La filature a pour objet de réduire la soie, la laine, le chanvre, le lin, etc., à l'état de fil.

Le filage à la main se fait de deux manières, soit avec une

quenouille et un fuseau, soit au rouet ou à la roue : dans le premier cas l'ouvrière travaille assise ; dans le second elle se tient debout, ou plutôt marche en avant et en arrière. Nous allons décrire les deux méthodes.

Lorsqu'on emploie la quenouille et le fuseau, on attache le lin, ou toute autre substance quelconque susceptible d'être filée, à un long bâton ; la fileuse tire de sa quenouille un fil qu'elle noue à son fuseau, puis avec la main gauche elle tourne le rouet ou la roue, tandis que de la droite elle guide le fil qu'elle tire du

chanvre, du lin, etc., autour de
ce fuseau, ou plutôt autour d'une
bobine qui enveloppe ce fuseau;
quand une quantité suffisante de
chanvre ou de lin se trouve rou-
lée en fil sur la bobine, on la
retire du fuseau, et on la jette
dans un panier; elle est rempla-
cée aussitôt par une autre qui est
vide.

Le filage de la laine s'exécute
par un procédé différent; dans
ce cas, la laine, retirée du peigne
en ouate ou en lambeaux, est tenue d'une main, et un fil de cette
laine est attaché à la roue, tandis
que la fileuse la tourne avec cé-

lérité, et s'en éloigne rapidement en marchant à reculons, et en éloignant de cette manière le fil à une certaine distance. Dans ces deux procédés de filature, lorsque la bobine est remplie, on en déroule la laine sur un dévidoire, dont on la retire ensuite sous la forme d'écheveaux.

La laine se remet à la fileuse au poids, et on la pèse de nouveau quand elle la rend.

Les enfans apprennent ce métier en Angleterre à un âge très-tendre, et gagnent de 12 à 13 sous par semaine.

Outre ce mode de filer la laine,

il en existe un autre qui se pra-
tique encore dans le comté de
Norfolk, et d'après lequel on
emploie la quenouille et le fuseau, dont la fileuse peut se servir assise ou en marchant, pendant qu'elle soigne ses vaches ou
sa volaille.

La fileuse roule autour de la
quenouille le lambeau ou la ouate
de laine dont elle tire un fil
qu'elle attache à son fuseau; elle
imprime ensuite à ce fuseau un
mouvement de rotation excessi-
vement rapide sur un morceau
de cuir très-uni attaché sur sa
cuisse; elle tire ensuite d'une

main quelques brins de l'extrémité du lambeau, tandis que de l'autre elle remonte le fuseau, et qu'elle le fait de nouveau pirouetter. La plus belle laine filée se fait de cette manière.

Lorsque la laine est mise en écheveaux elle passe entre les mains des devideuses, qui, au moyen d'une roue et d'un autre appareil fort simple, sont chargées de dévider deux ou trois écheveaux de laine ensemble, de manière à n'en former qu'un fil composé de trois.

Ce fil ensuite est roulé sur des bobines destinées à être placées sur des fuseaux que l'on fait tourner par le moyen d'une machine à coton appelée *Mul-Jenny*, pour tordre la laine et la combiner en une substance très-ferme et très-solide.

Lorsqu'on a retiré ce fil de laine de la machine, on le lave, on l'étend, on le fait sécher, puis on en forme des pelotes pour livrer au commerce.

Quelquefois on a besoin que le fil de laine soit très-blanc; dans ce cas, lorsqu'il a été lavé, et avant qu'il soit sec, on le suspend dans une chambre bien close, dans laquelle on a allumé un feu

de charbon de bois; on jette ensuite sur le feu de la fleur de soufre bien pulvérisée, et on bouche
tous les trous de la serrure et de
la porte, de manière qu'il ne s'y
introduise aucun air extérieur, et
que la vapeur ne puisse pas s'en
échapper.

La variété et l'importance des
fabriques qui emploient le coton,
la laine et le chanvre, ont fait
naître différentes tentatives pour
rendre le filage plus facile, moins
cher et plus prompt.

La plupart de ces différens es-
sais ont réussi, particulièrement
ceux qui ont pour objet la fila-

ture du coton, telle que l'invention de sir Richard Arkwright ;
mais aucun moulin à coton n'a pu
parvenir encore à fournir de la
laine filée à un aussi bon compte
que celle qui se file à la main.

Le talent de filer n'est pas exclusivement accordé à l'espèce
humaine ; il a été donné à plusieurs animaux pour leur conservation et pour d'autres fins ; les
araignées, les chenilles et quelques autres insectes forment des
fils de la longueur qu'ils désirent,
en forçant la liqueur visqueuse
dont ils sont formés à traverser
une filière très-fine destinée à ce

filage : cet art s'étend même aux habitans de la mer.

La moule et quelques autres mollusques forment une liqueur glutineuse fournie par un canal situé sous la base du sillon dont ils sont munis, et l'attachent aux rochers ou autres corps solides sur lesquels ils se trouvent ; cette liqueur, un instant après qu'elle a été filée, se solidifie, et devient ce qu'on appelle *byssus*, c'est-à-dire des fils ressemblans à des cheveux. On fait en Calabre et en Sicile des étoffes, des bas et des gants de byssus d'une beauté admirable, qui, à raison de la finesse de leur tissu, garantissent du chaud et du froid mieux qu'aucune autre espèce d'habillement ; mais les objets ainsi fabriqués sont d'une si grande cherté, qu'ils ne peuvent être regardés que comme un objet de curiosité.

La méthode employée par les mollusques est très-différente de celle qui est particulière aux araignées et aux vers à soie ; les derniers imitent dans leur travail le métier de ceux qui fabriquent le fil de laiton à la filière, tandis que les premiers opèrent à la manière du fondeur, qui jette son métal dans le moule ; le ca-nal de l'organe destiné pour la filature des mollusques est le moule dans lequel le fil est jeté ou fondu.

La mythologie a aussi ses fileu-ses ; les filles de l'Érèbe ou de la Nuit, qui exerçaient cette pro-fession aux enfers, étaient trois, savoir, Clotho, Lachésis et Atro-pos : la vie des hommes, dont ces trois sœurs filaient la trame, était entre leurs mains ; Clotho tenait la quenouille, Lachésis tournait le fuseau, et Atropos coupait le fil avec des ciseaux.

La Fontaine a dit :

Il était une vieille ayant deux chambrières ;
Elles filaient si bien, que les sœurs filandières
Ne faisaient que brouiller auprès de celles-ci.

On dit figurément et proverbialement *donner du fil à retordre*, pour dire causer de l'embarras ; *aller de fil en aiguille*, pour dire passer insensiblement d'un propos à un autre, d'une matière à une autre.

~~~~~~

LE FONDEUR

EN CARACTÈRES.

———

La première occupation du fondeur en caractères est de préparer le métal propre à former des lettres, qui se composent de plomb et de régule fondus dans un fourneau ; la proportion du régule sur le plomb est d'un cin-
~~~~~~

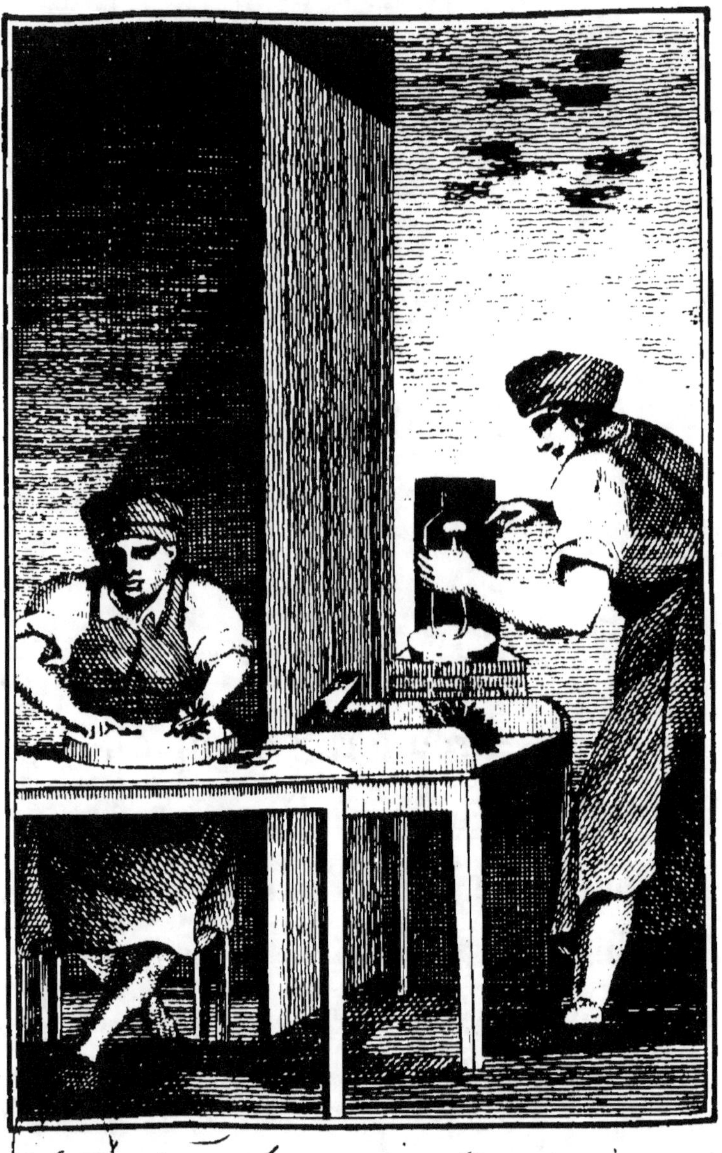

Fondeur en Caractères.

quième. Dans les grandes fonderies on coule le métal en barres, ou saumons de vingt livres chacun, que l'on remet à l'ouvrier à fur et mesure qu'il en manque : cette partie du travail du fondeur est pénible et malsaine, à cause des vapeurs qui s'échappent de cette composition lorsqu'ils fondent.

Il y a des fonderies en Angleterre où quinze cents livres de ce métal sont fondues en un seul jour.

Dans beaucoup de pays les fondeurs en caractères sont graveurs et imprimeurs, c'est-à-dire qu'ils gravent les poinçons, frappent les matrices dans lesquelles se coulent les caractères, tirent les empreintes des matrices, les disposent dans des formes ou châssis de fer, et impriment.

Le graveur en caractères doit être pourvu d'un étau, de limes, de marteaux, de burins, de ciseaux et de gouges en acier de toute espèce ; il prépare ensuite le poinçon d'acier, au bout duquel il dessine ou marque la forme exacte d'une lettre, et avec un burin ou un ciseau. il enlève l'acier qui se trouve entre les traits qu'il a tracés, en ayant soin de ne pas entamer ces traits.

Après avoir marqué les vides à former, il les enfonce ensuite avec un contre - poinçon; car si un caractère n'est pas profond en proportion de sa largeur, les lettres qu'il formera viendront pleines à l'impression, et par conséquent ce caractère ne sera bon à rien. Quand le graveur a fini son poinçon, il en travaille les côtés avec sa lime, pour le rendre propre à frapper les ma-trices.

Une matrice est un morceau de cuivre d'environ un pouce et

demi de long, et épais en proportion de la grandeur de la
lettre qu'elle doit contenir ; c'est
dans ce morceau de métal que
s'enfonce la figure de la lettre,
en frappant sur le poinçon avec
un marteau ; après cela, on net-
toie les côtés et le plat de la matrice avec la lime ; on la met à
l'épaisseur convenable, et c'est
ce qu'on appelle *justifier*. Lorsque la matrice est convenablement disposée, c'est-à-dire lorsqu'elle est justifiée, on fixe celle-
ci au fond du moule, que le fondeur tient dans sa main gauche,
tandis qu'il y verse le métal de

la droite avec une petite cuillère de fonte, en abaissant et relevant subitement la main gauche, pour que cette secousse précipite le métal et l'oblige à se bien mouler, c'est-à-dire à prendre la figure et l'empreinte de la matrice.

Le moule consiste en deux moitiés, l'une inférieure, l'autre supérieure; dès que la lettre est fondue, on fait faire la bascule à cette dernière moitié, et le fondeur jette la lettre sur une feuille de papier étendue sur un banc ou sur une table; il referme son moule et réitère cette opération jusqu'à deux ou trois mille fois par jour.

Lorsque les fondeurs ont fondu un certain nombre de lettres qui sont beaucoup plus longues qu'elles ne doivent être, c'est-à-dire qui portent avec elles une éminence de matière de forme pyramidale, adhérente par son sommet au pied de la lettre, des enfans ou des femmes brisent ces jets, et en jettent les coupures dans un pot; elles portent ensuite ces caractères à l'homme qui est représenté assis à son ouvrage dans la planche, et qui les frotte sur une meule de grès appelée *pierre à frotter*.

C'est une opération qui de-
mande beaucoup de dextérité,
car l'homme qui retourne ces
caractères le fait si promptement
par un mouvement du doigt de
la main gauche, qu'il ne suspend aucunement celui de la
main droite sur la pierre.

Quand les caractères ont été
frottés, on les range sur une
règle de bois nivelée, et qui
prend le nom de *composteur*;
les caractères ainsi arrangés sont
transportés sur une règle de fer
nommée *justifieur*, et de là placés
entre deux jumelles d'un instru-

ment appelé *coupoir*, espèce d'établi solide sur lequel on les passe au rabot.

Le fondeur représenté dans la planche est vu dans l'action de verser le métal dans le moule; il prend ce métal avec la petite cuillère dont nous avons parlé plus haut, dans le bassin ou creuset qui est continuellement tenu sur un fourneau; la feuille de fer à la droite du fondeur sert à le garantir de la chaleur du feu, et la cloison qui existe entre les deux ouvriers a pour but d'empêcher que celui qui est assis ne soit atteint du métal, qui quelquefois quand on jette en moule forme des éclaboussures ; sur la table, près des caractères nouvellement fondus, sont différens morceaux de métal avec lesquels le fondeur remplit son bassin à mesure qu'il fond des lettres.

Un fondeur en caractères jettera en moule plus de trois mille lettres par jour, et la perfection de ces lettres ainsi fondues consiste en ce qu'elles soient droites et carrées, de la même hauteur, très-également alignées, sans pencher d'un côté ni de l'autre.

Ce que l'on appelle *une fonte,*

ou *une fonte de lettres*, est une certaine quantité des caractères de chaque espèce, jetée en moule par le fondeur, et convenablement assortie; une fonte complète doit contenir toutes les lettres simples, les doubles lettres, les points, le comma, la virgule, le sémicolon, ou point et virgule, le point, l'exclamation, l'interrogation, la parenthèse, l'apostrophe, l'accent aigu, l'accent grave, l'accent circonflexe, les guillemets et le renvoi.

Les fondeurs ont une espèce de liste à laquelle ils donnent le nom de *police*, et qui leur sert

à égaler leurs fontes ; cette police est absolument nécessaire,
attendu que quelques lettres sont
beaucoup plus fréquemment employées que d'autres, et que par
conséquent les casses qui les con-
tiennent doivent être bien plus
fournies que celles des lettres qui
ne viennent pas aussi souvent ;
ainsi une fonte ne contient pas
un nombre égal d'*a* et de *b*, d'*e*
et de *z*. Dans une fonte de cent
mille caractères, il faut qu'il y
ait onze mille *e*, cinq mille *a*;
trois mille *c*, cinq mille quatre
cents *i*, et des autres lettres en
proportion.

Le fondeur compte à peu près cent livres de fonte pour la composition d'une feuille d'impression, mais ce poids varie suivant la nature de la lettre.

Les noms de différens corps de caractères sont ceux-ci : la parisienne, la nompareille, la mignonne, le petit-texte, la gaillarde, le petit-romain, la philosophie, le cicéro, le saint-augustin, le gros-texte, le gros-romain, les gros et petit-parangon, la palestine, le gros et le petit-canon, etc.

Indépendamment de ces lettres il faut encore des interlignes, des espaces, des quadratins ou pièces carrées qui servent à remplir les blancs des lignes et des mots.

D'après les règlemens, la lettre doit porter, depuis sa surface jusqu'à l'extrémité de son pied, dix lignes et demie.

Les lettres ont donné lieu à différentes expressions proverbiales ; on dit d'un homme qui a peu d'intelligence, qu'*il faut le renvoyer à l'A, B, C* ; d'un homme qui jure souvent, qu'*il lâche sans cesse des F et des B* ; d'une personne qu'on regarde comme inutile, et qui n'est propre à rien, que *c'est un zéro en chiffre.* Les Anglais disent que de toutes les lettres de l'alphabet l'*s* est la plus dangereuse pour les acteurs, parce que c'est avec elle qu'on les siffle. Il n'est pas jusqu'au point qui n'ait donné lieu à des proverbes ; on dit d'un homme vétilleux qu'*il faut mettre avec lui les points sur les i.* Pope ayant demandé un jour à un officier, d'un air ironique et croyant l'embarrasser, ce que c'était qu'un point d'interrogation, celui-ci lui répondit : « C'est un petit être bossu, tortu et biscornu, qui s'avise de faire des questions. » L'officier

faisait allusion à la taille de Pope,
qui était toute contrefaite (1).

---

(1) *Voyez* l'Encyclopédie Comique, traduction de Bertin, 2ᵉ édition, 3 vol. in-12.

LE BATELIER.

Les bateliers sont des hommes qui conduisent des bateaux sur les rivières navigables , comme à Paris sur la Seine, et à Londres sur la Tamise ; il paraît que le besoin a créé les bateliers, et qu'ils servaient autrefois à passer les fleuves avant que les ponts fussent inventés; les bateaux eux-mêmes n'ont pas toujours

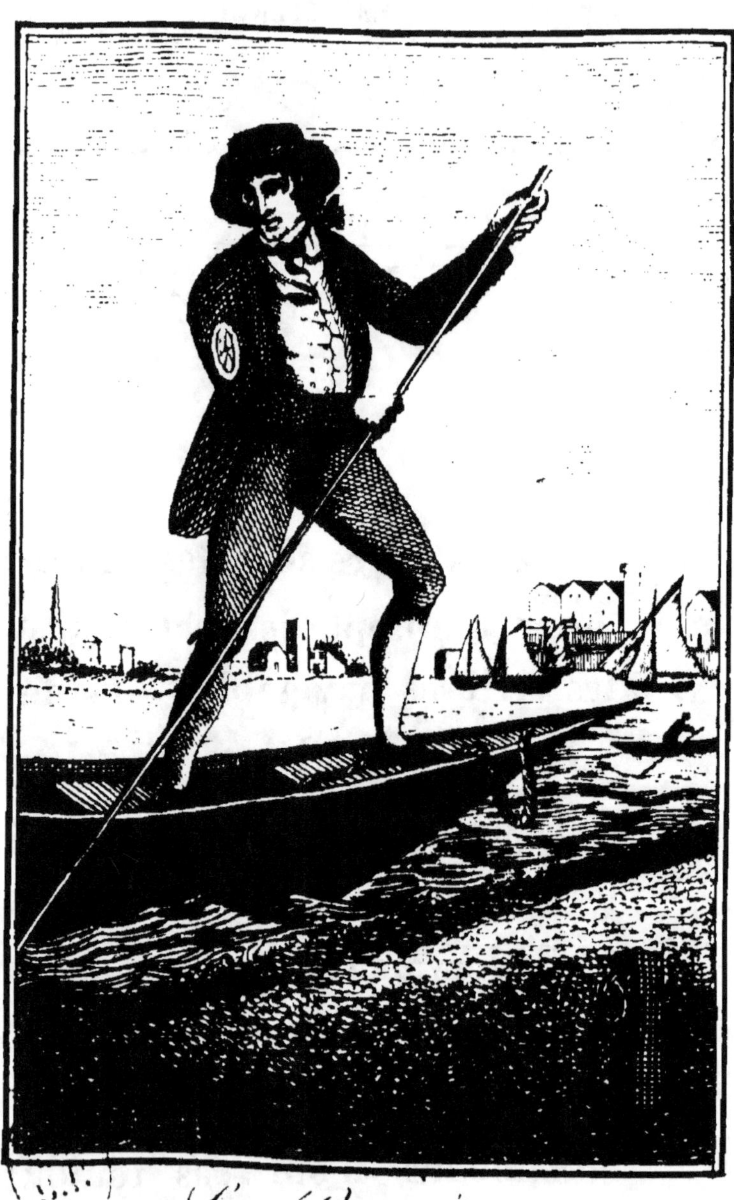

Le Batelier

eu la forme commode et élégante qu'ils affectent aujourd'hui ; il paraît que l'on commença par naviguer sur des radeaux. Les habitans de la Grande-Bretagne, au temps de César, avaient, au lieu de barques, des claies d'osier couvertes de cuir, sur lesquelles ils voguaient en mer : mais ce qu'il y a de plus étonnant encore, c'est que les anciens se servirent de bateaux de terre cuite; il y eut aussi chez les Égyptiens des barques faites avec des feuilles de *papyrus* ou *souchet à papier*, qu'ils cousaient et collaient ensemble avec de la poix.

Les sauvages du Canada font encore aujourd'hui des canots avec des écorces de bouleau ; ils portent ces canots sur leurs épaules, et couchent dessous.

Les Groënlendais fabriquent des barques avec des peaux de poisson étendues sur une petite charpente.

Un batelier n'a pas besoin de beaucoup d'argent pour commencer son état ; il ne lui faut qu'un batelet, une paire d'avirons, et un long bâton armé à son extrémité inférieure d'une pointe et d'un crochet : ce bâton s'appelle *croc*.

Les bateliers sont sujets à certains réglemens de police, soit pour les dimensions de leurs bateaux, soit pour les numéros dont ils doivent les marquer.

A Londres nul ne peut conduire un bateau sur la Tamise qu'il n'ait fait un apprentissage de sept ans, et s'il n'a l'âge de seize ans accomplis.

Les avirons d'un bateau sont de longues pièces de bois effilées d'un côté et larges de l'autre ; on attache au manche de l'aviron un anneau appelé *collet ;* cet anneau se fixe à une cheville nommée *étouret* , enfoncée dans les bords du bateau, et retient l'aviron pendant que le batelier en frappe l'eau pour faire avancer son bateau; le croc sert à pousser un bateau hors du rivage.

Le batelier est représenté dans la gravure se servant à cet effet de son croc, qu'il emploie aussi pour attirer son batelet à terre ou contre quelque barque; le pieu et la chaîne qu'on aperçoit sur le devant de la gravure servent à fixer le bateau quand le batelier n'en a plus besoin; la nuit on passe une chaîne dans l'anneau, et le tout est mis en sûreté par un cadenas.

Les bateliers appellent *fermer*, l'action d'attacher leur bateau avec une corde ou avec une chaîne à un corps solide.

La plaque que l'on voit sur le bras du batelier provient d'un prix qu'il a gagné à Londres par sa dextérité à conduire son bateau à la rame.

Thomas d'Ogget, qui était fortement attaché à la maison d'Hanovre, laissa par son testament une certaine somme destinée à acheter *un habit* et une *plaque d'argent* qui doivent être gagnés par celui des six bateliers les plus adroits qui conduira le mieux et le plus vite un bateau depuis le pont de Londres jusqu'à Chelsea , situé à une demi - lieue de Westminster, le premier août de chaque année , jour auquel Georges Ier a monté sur le trône d'Angleterre ; différens priviléges sont attachés à ce triomphe ; l'un de ces priviléges est que celui qui remporte le prix ne peut être *pressé*, c'est-à-dire en-gagé de force pour le service royal.

A Paris les bateliers du Gros-Caillou et de la Rapée font dans certains jours de l'été, et aux réjouissances publiques qui ont

lieu dans cette saison, une joute
entre eux; ces bateliers se par-
tagent en deux compagnies, l'une
distinguée par la couleur bleue,
l'autre par la couleur rouge aux
ceintures, cocardes, drapeaux, et
même jusqu'aux bateaux et avirons; les uns et les autres sont
armés d'une lance bleue ou rouge
qui consiste en un long bâton
terminé par un boulon de bois
rembourré de crin et recouvert
d'une peau de la même couleur
que le reste.

Dans cette espèce de tournois,
des bateliers, qui se tiennent
debout dans leurs bachots, sont

conduits à force de rames par leurs compagnons assis, et se portent des coups de lance pour se renverser dans l'eau : la compagnie bleue ou rouge qui a le moins de monde de culbuté gagne le prix.

Les bateliers appelés *passeurs* ne peuvent, en France comme en Angletérre, mettre dans leurs bateaux qu'un certain nombre de personnes fixé par la loi.

En Angleterre si un passager est noyé dans la traversée de la Tamise, de Gravesande à Windsor, parce que le bateau contenait plus de monde que ne le permettent les réglemens, le batelier est traité comme coupable de félonie, et encourt la peine de transportation à Botany-Bay.

En France les bateliers reçoivent une récompense du gouvernement lorsqu'ils parviennent à sauver un homme qui se noie, ou à repêcher un noyé : dans le premier cas cette récompense est de 24 francs ; dans le second de 12 francs.

La fête de Saint-Cloud occupe, les trois premiers dimanches de septembre, un très-grand nombre de batelets qui animent et embellissent le coup d'œil de la Seine ; l'endroit où l'on s'embarque pour cet agréable voyage est au-dessous du Pont-Royal.

Les bateliers, indépendamment de la manœuvre des bateaux et batelets, sont chargés de la conduite des chaloupes, barques, esquifs, canots, paquebots., coches d'eau, bacs, flibots, pataches, gondoles, toues, pontons, felouques, bachots, nacelles et batelets.

Nous avons déjà donné tous les proverbes de la navigation maritime ; celle d'eau douce en a produit encore quelques-uns ;

nous citerons seulement celui-ci :
on dit figurément et proverbialement d'un homme qui a pris
quelque engagement dans une
affaire : *il a donné des arrhes au
coche*.

~~~~~~

LE TAILLEUR

DE PIERRES.

La profession du tailleur de pierres consiste à équarrir les pierres et à les rendre propres à la construction d'un bâtiment ; lorsque le tailleur de pierres est chargé des ornemens de la sculp-
~~~~~~

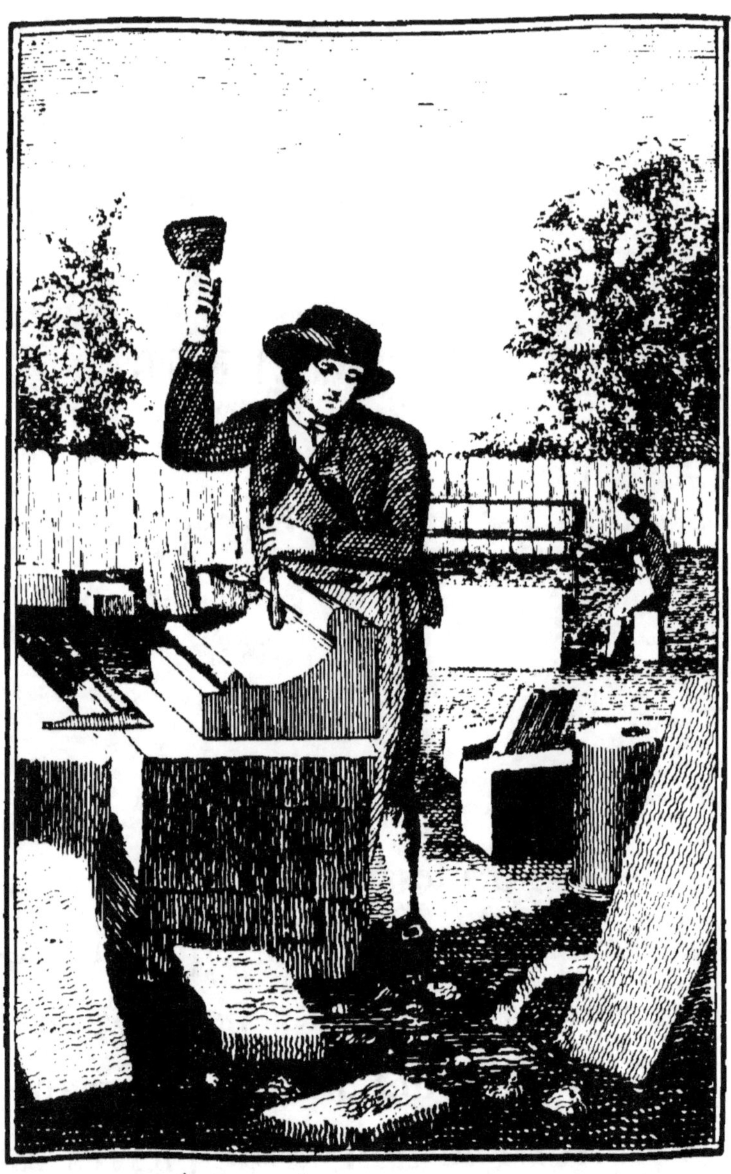

Le Tailleur de pierres.

ture il prend le nom de sculpteur en pierres.

Les principaux instrumens dont se sert le tailleur de pierres sont l'équerre, le niveau, le fil à plomb, le ciseau et le maillet.

L'ouvrier qui est représenté dans la figure est occupé à tailler une pierre avec un maillet et un ciseau ; devant lui est son équerre. Lorsque les tailleurs de pierres parlent d'un angle d'équerre, c'est un angle qui n'est ni de quarante - cinq, ni de quatre-vingt-dix degrés.

Le tailleur de pierres se charge dans beaucoup de pays de scier la pierre, et alors il se sert d'une scie différente de celles employées par les scieurs de long; elle n'a pas de dents, et comme elle est mue en avant et en arrière par un seul homme, elle coupe la pierre par son propre poids, aidée d'une certaine quantité de grès pilé que l'ouvrier mouille et verse avec une cuillère dans la fente que la scie a commencée.

En Angleterre, le scieur de pierres, par les temps pluvieux et par les temps chauds, a une espèce de guérite de bois pour travailler; cette guérite est portative, de sorte que l'ouvrier

peut s'y mettre à l'abri du grand
froid d'hiver et des fortes chaleurs
de l'été.

Le tailleur de pierres équarrit
et taille des pierres pour la construction des ponts, des canaux,
des aquéducs, des palais, des
maisons bâties en pierre de taille,
et généralement de tous les édi-
fices qui exigent que les pierres
affectent certaines formes régu-
lières et susceptibles d'ajouter à
la commodité et à l'agrément ;
c'est encore lui qui façonne les
balustrades des parapets, des
croisées et des rampes d'esca-
lier, qui demandent une grande

propreté ; il établit aussi des margelles de puits et des pierres d'éviers.

Le tailleur de pierres se sert de deux marteaux : l'un appelé *pioche*, l'autre *marteau bertelé*. Le fer de la pioche a deux côtés, et chaque extrémité de cette pioche est pointue ; le marteau bertelé au contraire a une extrémité tranchante, et l'autre dentelée comme un peigne : la pioche sert à dégrossir l'ouvrage, le marteau bertelé à le perfectionner.

Un bon ouvrier dans ce genre doit savoir bien prendre le maigre de la pierre, c'est-à-dire dresser sur les bords de la pierre une ligne faite à l'aide de la règle et de la pierre noire ; cette ligne ou raie dirige l'ouvrier.

L'ouvrier commence à tailler sa pierre avec un ciseau et un maillet pour la dégrossir et pour en former plus nettement les arêtes aux bords de la pierre.

Le côté de la pierre qu'il a taillé se nomme *parement*. Si un ouvrier taillait tout d'un coup la pierre en commençant par le lit de dessus, il courrait le risque de l'endommager; il est donc obligé de la tailler en deux fois.

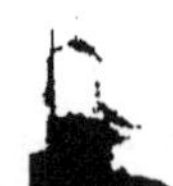

Les raies ou lignes tracées sur
la pierre se font ordinairement
ou par le tailleur de pierres lui-
même, d'après des dessins, car-
tons et panneaux qu'on lui a
fournis, ou d'après les traits
que l'appareilleur lui a dessinés.
Comme les pierres équarries par
le tailleur de pierres ont des
arêtes très-délicates et qu'elles
exigent beaucoup de ménage-
ment, elles sont conduites à leur
destination sur un hacquet ou
camion qu'on a eu soin de cou-
vrir d'un paillasson, et placées
dans une partie du bâtiment, à
laquelle elles sont appropriées

par un ouvrier appelé *poseur*.

Les pièces les plus délicates de la construction sont les corniches et les entablemens.

Indépendamment des outils dont nous venons de parler plus haut, le tailleur de pierres emploie la pince et le cric pour soulever et caler la pierre sur laquelle il travaille ; cette pince est une barre de fer de trois ou quatre pieds, et dont une extrémité est taillée en biseau.

Le cric est composé d'une barre de fer plate, enfermée dans l'intérieur d'une boîte de bois, et ayant des dents dans toute sa hauteur ; ces dents sont mues par un pignon arrêté à demeure sur une manivelle ; ce qui fait qu'en tournant cette manivelle, et qu'en posant le croc du cric sous la pierre, l'ouvrier peut l'élever à la hauteur qu'il juge à propos.

Il y a deux sortes de pierres dont on se sert pour la construction des bâtimens, la pierre tendre et la pierre dure : la seconde est sans contredit la meilleure ; cependant la pierre tendre a l'avantage qu'elle se taille aisément et qu'elle résiste quelquefois mieux à la gelée que la pierre dure. On connaît la bonté de la pierre lorsqu'elle est d'une couleur égale, sans veines, qu'elle a un grain fin et uni, que les éclats se coupent nets, et qu'elle rend quelque son; on connaît encore cette qualité en exposant la pierre nouvellement tirée des carrières à l'humidité pendant l'hiver; si elle résiste à la gelée, elle est bonne, et on peut l'employer avec confiance. La pierre de liais est une des plus dures; la pierre de Saint-Leu, à dix lieues de Paris, est la plus tendre; cette pierre se débite avec une scie à dents.

Les pierres prennent différentes dénominations, suivant leurs positions dans le bâtiment et la façon qu'elles ont reçue; on appelle *pierre d'encoignure* celle qui occupe l'angle d'un bâtiment de quelque avant-corps; *pierre ébousinée* celle dont on a ôté le bousin ou le tendre; *esmillée* celle qui est équarrie et taillée grossièrement avec la pointe du marteau; *pierre faite* celle qui est entièrement taillée et prête à être mise en place; *pierre hachée* celle dont le parement est haché avec la hache et le marteau bertelé; *pierre layée* celle qui est travaillée à la laie ou au marteau avec bertelures ; *pierre nette* celle qui est équarrie et atteinte jusqu'au vif ; *pierre parpeigne* celle qui traverse l'épaisseur du mur ; *pierres d'attente* les pierres qu'on laisse en saillie au côté d'un bâtiment pour le continuer.

Le mot *pierre* s'emploie figurément et proverbialement dans plusieurs circonstances ; on appelle figurément *pierre d'achoppement* tout ce qui fait obstacle au succès d'une affaire ; *pierre de scandale* tout ce qui est propre à scandaliser. Jésus-Christ est appelé dans quelques passages de l'Écriture *pierre angulaire*, parce qu'il est le fondement de la foi, comme la pierre angulaire est la base fondamentale d'un bâtiment.

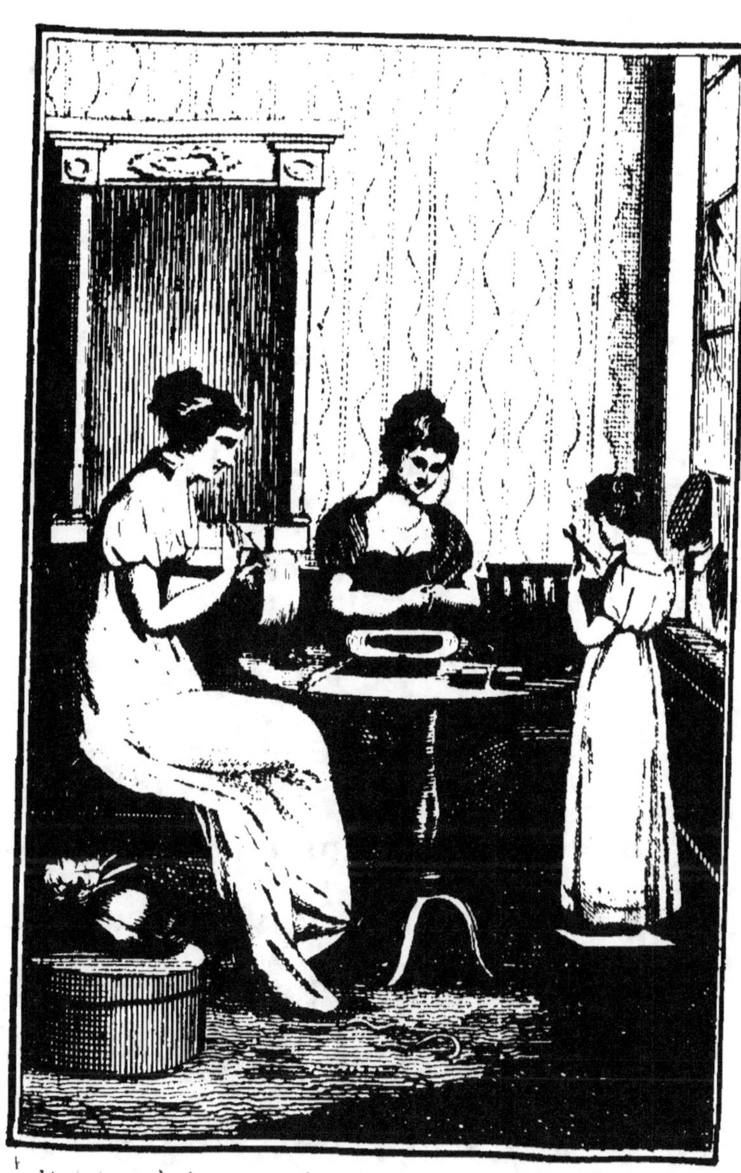

Chapellières en paille.

LE FABRICANT

DE

CHAPEAUX DE PAILLE.

Il est peu de métiers pour lesquels il faille aussi peu de capi-
taux, ou dans lesquels la connaissance de l'art soit aussitôt acquise
que dans celui du fabricant de
chapeaux de paille ; 24 francs suf-

fisent pour fournir des marchandises et des matières qui occupent
cent personnes pendant plusieurs
mois.

Les ouvrières représentées
dans la planche ne sont occupées
qu'à monter des chapeaux après
que la paille a été nattée ou tres-
sée.

La paille se coupe aux nœuds
ou aux jointures ; lorsqu'on en a
retiré le premier tégument ou la
première enveloppe, on assortit
les fétus en égales hauteurs, et
on en fait des bottes de sept ou
neuf pouces de longueur sur
neuf de circonférence ; on les

trempe dans l'eau et on les se-
coue un peu, pour qu'elles ne
retiennent pas trop d'humidité;
on place alors ces bottes dans une
boîte qui est suffisamment close
pour s'opposer à l'évaporation de
la fumée; dans le milieu de la
boîte est une tasse de terre qui
contient du soufre coupé en petits morceaux; on y met le feu,
et on recouvre la boîte, que l'on
met en plein air.

Les vapeurs du soufre, qui sont
chargées d'un acide appelé *sul-
furique*, dissolvent les parties trop
colorantes de la paille, et la blan-
chissent.

Une seule ouvrière est chargée de fendre et de choisir des brins de paille pour cinquante natteuses ou tresseuses.

On fend la paille au moyen d'une petite machine en bois appelée *fendoir;* les brins de paille, quand ils sont fendus, sont remis par bottes aux ouvrières ; une des extrémités de ces brins de paille est enveloppée dans un linge ; la botte est tenue sous le bras de la tresseuse, et elle en tire des brins de paille à fur et mesure qu'elle en a besoin. Les tresseuses doivent apprendre à se servir de leur second doigt et du pouce, au lieu de l'index ou premier doigt, dont elles ont souvent besoin pour les aider à tourner les brins ou les éclats de paille, et à les tresser; il faut aussi qu'elles aient l'attention de ne pas trop mouiller les éclats.

Chaque tresseuse doit avoir une espèce de sac à ouvrage en toile, et un tambour ou cylindre de carton d'une demi-aune de large pour rouler ses tresses; quand elle en a fait à peu près cinq aunes, il faut qu'elle les roule autour de ce cylindre.

Cette marchandise est d'un

grand débit, et elle se vend facilement l'hiver comme l'été.

On aurait peine à croire qu'une mode inventée par les bergères serait passée chez les femmes du haut parage : les chapeaux de paille sont ornés de plumes artificielles et d'aigrettes artistement faites.

Ceux faits en tresses blanches sont mal à propos appelés chapeaux de paille, attendu que les tresses en sont faites de lamelles de bois très-minces : l'arbre que l'on emploie à ce travail est le tilleul.

La gravure représente trois de

ces ouvrières en chapeaux de paille; l'une est occupée à coudre les tresses ensemble pour en faire la forme et les bords d'un chapeau; à droite est un carton sur lequel il y a un de ces chapeaux tout fait.

Celle du milieu arrange des tresses pour en faire des aigrettes; la petite fille qui est montée sur une bancelle tient des pinces qui servent à contourner des brins de paille pour les friser.

Lorsque les chapeaux sont terminés, les ouvrières les mettent sur des formes de bois pour les passer au fer chaud.

Quand ils sont achevés, elles les exposent de nouveau à la vapeur du soufre, pour les rendre plus blancs.

Les chapeaux de paille jaune et ceux de paille noire sont les plus chers; les ornemens dont ils sont accompagnés sont faits avec de la paille que l'on râcle, et dont les copeaux deviennent si minces qu'ils ressemblent à des plumes et à de la soie.

Le mot *paille* a donné lieu à différens proverbes; on dit figurément et proverbialement *rompre la paille avec quelqu'un*, pour déclarer ouvertement qu'on n'est

plus son ami; on dit proverbialement d'une chose dont on ne fait
nul cas, *je n'en donnerais pas un
fétu.*

LE JOAILLIER.

L'HISTOIRE nous apprend que la profession du joaillier est d'une date fort ancienne, car nous lisons dans la Bible que le grand prêtre Aaron portait sur sa poitrine un *rational* orné d'un grand nombre de pierres précieuses ; nous savons aussi que les Grecs et les Romains avaient des ba-

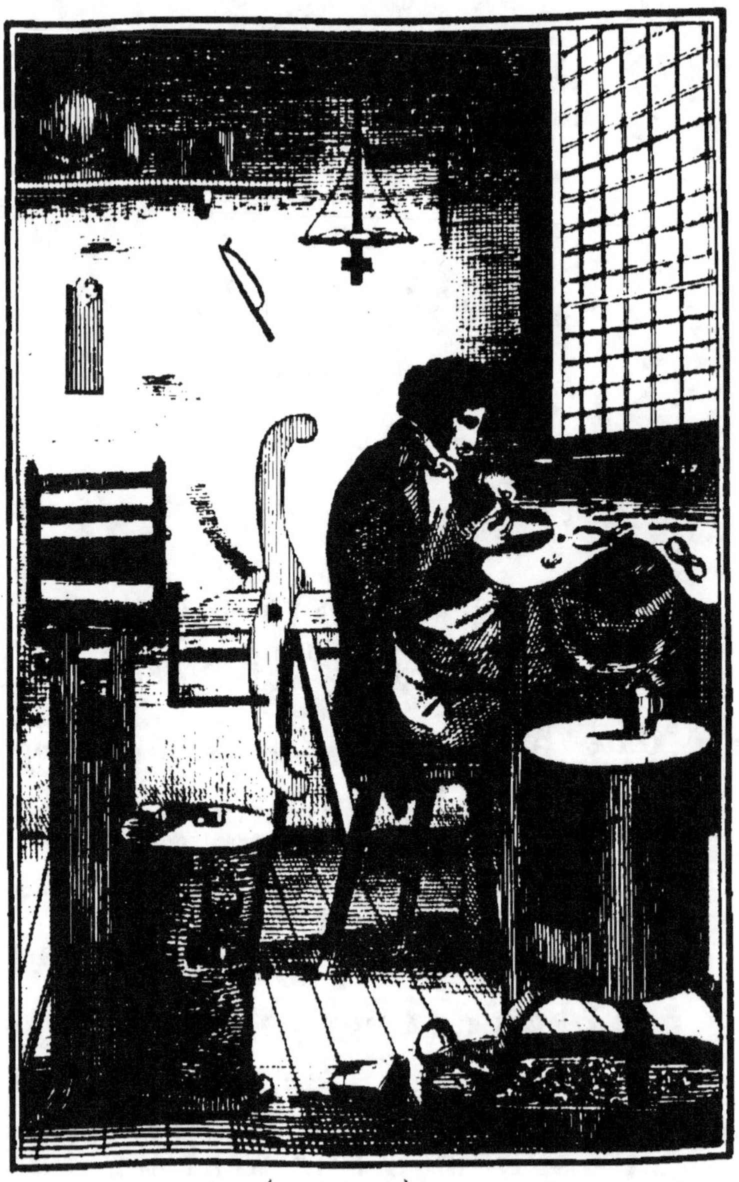

Le Bijoutier.

gues et autres ornemens enrichis de pierres précieuses ; les femmes turques, qui passent la moitié de leur vie sur un sopha, ont les pieds toujours nus en été, et y mettent des bagues à tous les doigts.

Il y a dans tous les pays des joailliers, c'est-à-dire des hommes qui montent les joyaux ou les pierres précieuses ; il n'est presque pas de nation dans le monde qui n'ait employé des joailliers d'une espèce ou d'une autre.

Lorsque le capitaine Cook voyagea dans les îles du Sud, où, suivant toutes les apparences, aucun être civilisé n'avait été avant lui, il trouva que les gens du pays avaient les oreilles, le nez et les bras ornés de perles, d'or, de coquilles et de dents de poissons montées de la manière la plus curieuse.

Les Européens ont singulièrement perfectionné l'art de la joaillerie; les Français, pour la légèreté et l'élégance du dessin, ont surpassé leurs voisins; mais les Anglais sont très-bons lapidaires. Le nom de joaillier, communément appliqué à tous ceux qui montent des pierres fines ou artificielles, ne convient qu'aux ouvriers qui savent sertir le diamant et autres pierres précieuses.

Les joailliers font des bagues de toute espèce en or, des médaillons, des bracelets, des peignes, des aigrettes, des boucles d'oreilles, des colliers, des cassolettes, des chaînes, et beaucoup d'autres bijoux montés en diamans, en perles ou en pierres fines.

Le diamant tient le premier rang parmi les gemmes ou pierres précieuses, par sa valeur, sa dureté et son éclat; celui qui est le plus parfait ou de la plus belle eau est le blanc.

Les défauts qui se trouvent dans le diamant sont les veines, les pailles, les points rouges ou noirs, et une teinte bleuâtre ou jaunâtre.

Les diamans se trouvent dans les Indes orientales, principalement dans le royaume de Golconde et de Visapour, du Bengale et de l'île de Bornéo ; on les tire des mines et des rivières.

En Europe les lapidaires examinent la beauté du diamant à la clarté du jour, mais en Asie on les considère de nuit ; les Indieus pratiquent à cet effet un trou dans le mur de la mine ; ils y placent une lampe munie d'une grosse mèche, à la clarté de laquelle ils jugent de la beauté de la pierre.

Comme le diamant est la plus dure des pierres, il ne peut être taillé, poli ou usé que par sa propre substance ; pour porter les diamans à ce degré de perfection qui augmente si considérablement leur prix, les ouvriers en frottent plusieurs les uns contre les autres, et la poudre qui s'en échappe, et que l'on reçoit dans une boîte destinée à cet effet, sert à user et à polir les autres.

La perle est un corps dur, lisse et brillant, qui se trouve dans les coquilles de l'huître, et que l'on range parmi les gemmes; la perfection des perles, quelles que soient leurs formes, consiste principalement dans l'éclat et la netteté de leurs couleurs, qui se nomment aussi *eau;* les blanches sont les plus estimées en Europe.

Les Indiens et les Arabes préfèrent les jaunes; il en est d'une couleur plombée; d'autres qui tirent sur le noir; d'autres enfin qui sont tout-à-fait noires.

Les perles orientales sont les plus estimées, à raison de leur grosseur, de leur beauté et de leur couleur, qui est ordinairement d'un blanc argenté superbe; celles qui se trouvent dans l'hémisphère occidental sont d'un blanc plus laiteux.

Les perles se vendent en Europe au carat; le carat équivaut à quatre grains : mais en Asie ces poids diffèrent suivant les contrées de cette partie du monde.

Nous voyons dans la gravure un homme qui est à l'ouvrage; c'est un joaillier; l'établi au-

quel il travaille est formé de manière à tenir deux ouvriers; les
peaux attachées à cet établi sont
destinées à recueillir les limailles
et les petits morceaux de métal
qui, sans cette espèce de poche,
tomberaient par terre.

Les outils placés sur l'établi et
devant lui sur la fenêtre sont
principalement des limes et différentes espèces de forets; à sa
droite au-dessus de l'établi se
voit un archet; l'archet est un
instrument flexible, consistant
en une lame d'acier ou de fleu-
ret, aux extrémités de laquelle
est fixée de la corde à boyau;

la corde à boyau enveloppe un petit cylindre appelé *boîte*, dans lequel est fixé un des forets qui sont placés devant l'ouvrier, et alors ce foret est en état de percer des trous.

Derrière lui est un banc à tirer avec lequel il réduit ses fils métalliques au degré de finesse qui lui convient. Voici le moyen de tirer le fil d'or et d'autres métaux : on donne d'abord au métal une forme ronde ou cylindrique ; après cela on le passe à la filière, c'est-à-dire qu'on le tire à travers des trous de fer plus petits les uns que les autres, jusqu'à ce qu'il soit aussi fin qu'on le désire ; quelquefois on le rend aussi ténu qu'un cheveu ; chaque nouveau trou diminue le diamètre du métal, mais lui fait gagner en longueur ce qu'il perd en épaisseur ; une seule once d'or est fréquemment alongée de manière à mesurer plusieurs milliers de pieds.

Sur le devant, on voit un poêle flamand qui ne sert guère à d'autre usage qu'à celui d'échauffer l'atelier, car les joailliers ne peuvent travailler l'hiver qu'autant que la température est absolument élevée ; sur le dessus du poêle est un creuset à peu près semblable à celui qui se voit par terre : ces creusets sont utiles au joaillier dans plusieurs cas; cependant il ne les fait pas chauffer dans ce poêle, mais dans une *forge*, qui est un objet très-essentiel dans sa boutique, quoiqu'elle ne soit pas représentée dans la gravure.

Indépendamment de ces outils, le joaillier se sert encore de beaucoup d'autres instrumens; tels sont la *mordache*, espèce d'étau dont les deux mâchoires se réunissent à une seule charnière; le *tour à main*; la *lingotière*, dans laquelle il coule le vieil argent qu'il fait fondre ; l'*échope*, instrument tranchant dont il se sert pour enlever les parties superflues d'une pièce montée ; l'*enclumeau*, petite enclume posée sur un pied de bois que l'on met sur l'*établi* ; le *chalumeau* et la *lampe à souder* ; la *scie à repercer*, c'est-à-dire une scie garnie d'une feuille très-étroite qui peut aisément se contourner au gré de l'artiste ; des *mandrins* et *emporte-pièces* ; un *matoire*, ciselet dont l'extrémité est mate, et forme sur l'ouvrage une sorte de petits grains ; des *mollettes*, espèces de pinces très-souples ; des *tas* d'acier poli de toute espèce ; des *marteaux à emboutir* et *à ré-treindre*.

L'atelier du joaillier doit en outre être pourvu de claies ou petites chambrettes séparées les unes des autres comme les alvéoles des ruches où les mouches déposent leur miel ; on en met dans tous les lieux où les ouvriers travaillent, pour recevoir les paillettes d'or et d'argent qui se détachent lorsque le joaillier forge, les limailles et autres déchets.

Les ouvrages et les matériaux du joaillier ont donné naissance à certaines expressions proverbiales et figurées ; on dit proverbialement d'une jolie maison *que c'est un bijou* ; d'une chose de prix qu'on n'a que pour le plaisir et pour l'agrément, *c'est une bague au doigt* ; on dit ironiquement de quelque objet que les autres veulent faire passer pour beau ou pour bon, *voilà un beau joyau* ; d'une chose qui est bonne et d'un prompt débit, *c'est de l'or en barres.*

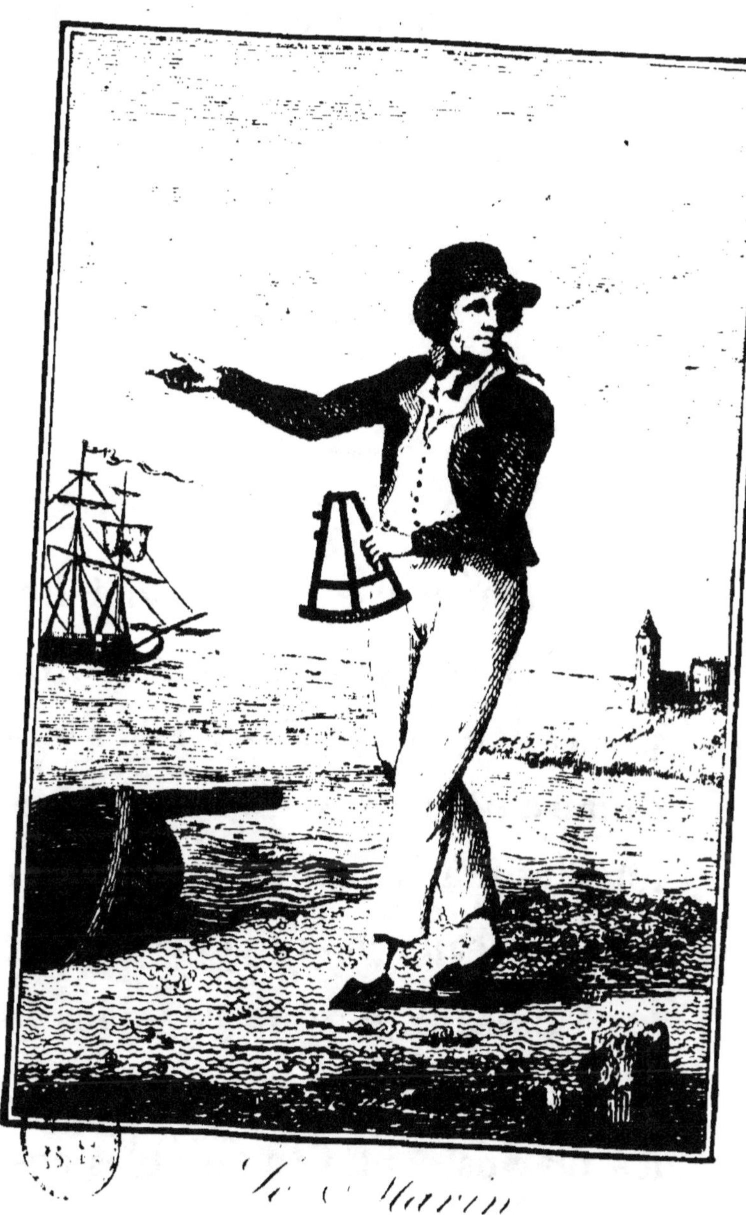

Le Marin

LE MARIN.

Le marin est un homme qui fait des voyages sur mer; cette profession se confond assez ordinairement avec celle du matelot. Les marins sont employés sur les vaisseaux marchands et sur les vaisseaux de guerre; dans le service des vaisseaux marchands, les marins sont responsables envers le maître ou capitaine du navire, le capitaine envers les propriétaires ou armateurs des vaisseaux, et les armateurs envers les marchands, des dommages qui peuvent arriver. En Angleterre, si un vaisseau marchand périt par la tempête, les matelots perdent leurs gages, et les armateurs le prix de leur fret, c'est-à-dire du louage de leur navire.

Les marins anglais à bord des vaisseaux du roi obéissent à de certaines lois passées à différentes époques par le parlement; les matelots qui ne sont pas au service de Sa Majesté Britannique sont sujets à la presse, c'est-à-dire à un service forcé, à moins qu'ils ne s'enrôlent volontairement dans la marine, parti auquel ils sont engagés par des gratifications et par des gages déterminés.

Le marin représenté dans la gravure est un matelot d'un rang plus élevé et plus distingué que les marins ordinaires; il entend la science de la navigation ou l'art de conduire un vaisseau d'un endroit à un autre, par le chemin le plus court, le plus commode et le plus sûr; il connaît par conséquent les îles, les rochers, les bancs de sable, les détroits près desquels il doit naviguer ; il faut aussi qu'il soit instruit des indices qui annoncent l'approche de la terre : telles sont l'apparition des oiseaux, la végétation d'herbages sur la surface de l'onde, la profondeur et la couleur de la mer.

Il doit encore savoir distinguer la nature des vents, particulièrement la saison des vents *alizés*, c'est-à-dire ceux qui soufflent périodiquement entre les tropiques, et celle des vents *moussons*, qui soufflent à certaines époques dans la mer des Indes orientales ; il faut qu'il connaisse le moment où l'on doit s'attendre à des orages, des tempêtes et des ouragans, l'époque des courans et de la marée.

Un matelot enfin doit être au fait de la manœuvre d'un vaisseau, de son gréement et de la manière d'appareiller.

Il y a deux espèces de navigation, c'est-à-dire le cabotage et les voyages de long cours; la première se fait le long des côtes et dans des parages où le vaisseau perd rarement la vue de terre : dans celle-ci le marin n'est obligé que de connaître les endroits où il doit passer, l'usage de la boussole et de la sonde ; la sonde consiste en un cône de plomb semblable à un pain de sucre, et qui pèse quelquefois de soixante à quatre-vingts livres ; ce poids a toujours en dessous un creux dans lequel on met du suif qui se charge des parties terrestres au fond de la mer.

Il a besoin aussi d'une bonne carte pour obtenir une parfaite connaissance de la côte.

Le compas de route, ou la boussole marine, sert à diriger et à assurer la marche d'un vaisseau en mer ; il consiste en une boîte de cuivre d'une forme circulaire qui contient une carte appelée *rose de vents*, divisée en trente-deux points du compas, et fixée sur une aiguille magnétique ou aimantée qui tourne toujours au nord ou près du nord ; l'aiguille tourne avec la rose de vents sur un pivot fixé dans le centre de la boîte ; le sommet de la boîte est couvert d'un verre qui empêche le vent de troubler le mouvement de la rose de vents ; le tout est renfermé dans une boîte en bois, où il est suspendu par des cercles de *cuivre* (des cercles de *fer*, en obéissant à l'aimant, déran-

geraient le jeu de la boussole);
ces cercles maintiennent la boussole dans une position horizontale, quelle que soit la vacillation du vaisseau. La boussole est placée dans le navire de manière que la section du milieu de la boîte puisse se trouver sur la section du milieu du vaisseau, le long de sa quille.

La manière de connaître où est le cap d'un navire, c'est-à-dire comment il est dirigé, et la route qu'il tient, est celle-ci.

La boussole étant suspendue, le marin regarde horizontalement au-dessus d'elle dans la direction de la route du vaisseau, c'est-à-dire du sillage ou de la trace qu'il laisse dans l'eau; on voit par ce moyen le point du compas de route qui indique la direction du sillage; le point de la boussole opposé à ce dernier est celui vers lequel le vaisseau se porte; il faut donc prendre cette ligne pour la vraie route, et lorsque le marin sait de combien la boussole varie, il peut dire le véritable point de l'horizon vers lequel il se dirige.

Pour la navigation de long cours, et qui se fait en pleine mer, le marin doit posséder beaucoup d'autres notions; il doit connaître les mathématiques, l'astronomie, et l'usage des instrumens propres aux observations célestes.

Le marin représenté dans la planche tient d'une main un de ces instrumens, qui se nomme octant, tandis que de l'autre il montre son vaisseau : le bateau qui doit le conduire à bord du navire est près de la côte.

Le marin doit encore savoir mesurer la vitesse du navire ou son sillage, ce qui se fait par l'emploi du loch; le loch n'est autre chose qu'un morceau de bois attaché à une longue ficelle; on laisse tomber de la poupe sous le vent le loch dans la mer, où il sert comme de point fixe à l'aide duquel on mesure le mouvement du navire : la longueur de la ficelle étendue sur la surface des ondes marque donc la longueur du chemin que fait le navire pendant la durée de l'expérience, et lorsqu'on sait le chemin parcouru pendant un intervalle de temps connu, on sait à proportion celui que le vaisseau fait pendant une heure entière, ou pendant un jour. On donne au morceau de bois appelé loch la figure d'un triangle *isocèle*, c'est-à-dire qui n'a que deux côtés égaux ; il mesure six à sept pouces de hauteur ; on charge son côté bas, qui est le plus court, d'un poids de plomb, afin que le triangle entre presque entièrement dans l'eau, et se tienne verticalement ou perpendiculairement à l'horizon ; il est attaché en haut par son sommet.

L'expérience du loch ne dure ordinairement que trente secondes ou une demi-minute ; la ficelle fait un grand nombre de tours sur une espèce de dévidoir qu'on fait tourner plus ou moins vite, selon que l'exige le mouvement plus ou moins rapide du sillage.

Cette ficelle est divisée en plusieurs parties égales qu'on distingue par des nœuds, afin qu'on puisse compter, même pendant l'obscurité de la nuit, les nœuds ou espaces que le navire parcourt pendant l'expérience. Si l'on est obligé de filer neuf ou dix nœuds, c'est qu'on fait à peu près trois lieues par heure.

A un certain éloignement de la mer est représenté un fanal établi sur un rocher, et qui, au moyen d'un grand feu ou d'une grande lumière quelconque, est vu à une très-grande distance de la terre ; le fanal est destiné à diriger le vaisseau près des côtes pour empêcher qu'il n'échoue contre la terre, ou qu'il n'éprouve quelques dommages en suivant une fausse route.

Il n'est pas de profession plus utile aux intérêts du commerce, et surtout de celui d'Angleterre, que celle du marin : le gouvernement britannique entretient en conséquence un hôpital à Greenwich, près Londres, pour les marins et matelots hors d'état de service ; il accorde aussi de petites pensions aux veuves et aux enfans des matelots qui ont péri en mer sur des vaisseaux de ligne.

Cet hôpital de Greenwich est soutenu par l'État et par une retenue de six pences (12 s.) faite par mois sur la paie des matelots.

Les termes de marine ont donné lieu à quelques expressions proverbiales et figurées ; on dit figurément *il appartient peu à l'homme de sonder la profondeur, les abîmes des jugemens de Dieu ;* on dit proverbialement *s'embarquer sans biscuit*, pour dire se livrer à une entreprise sans avoir les choses nécessaires pour y réussir ; on dit figurément des choses dangereuses pour la vertu, l'honneur, la fortune, la réputation, etc., *le monde est plein d'écueils ; s'ancrer dans une maison* est une expression figurée qui signifie s'établir d'une manière solide dans une famille ; le mot naufrage exprime toutes sortes de pertes ou de malheurs ; ainsi lorsqu'on dit *qu'un homme a fait naufrage au port*, on indique que tous ses desseins ont été ruinés et renversés au mo-

ment qu'il était en droit d'es-
pérer les voir réussir ; on dit
figurément *aller selon le vent*,
pour dire s'accommoder au temps,
et *aller contre vent et marée*
pour indiquer qu'on trouve toutes
choses contraires, et qu'on n'en
persiste pas moins dans son entreprise.

8.

Je ne terminerai point cet Ouvrage sans soumettre ici quelques observations à mes lecteurs.

Il est aisé de voir, après avoir parcouru ce Recueil, que si la manière dont il décrit les différentes professions n'offre pas tous les détails dont il serait susceptible, elle présente les plus essentiels, et remplit autant que possible le but que se propose tout écrivain qui cherche à instruire la jeunesse, celui de captiver son attention sans la fatiguer.

Je sais qu'en parlant de l'état de joaillier, par exemple, j'aurais pu entrer dans une dissertation beaucoup plus étendue, parler de la nature de toutes les pierres qu'il sertit; en indiquant que ce cristal gemme, le diamant, dont il orne une infinité d'ouvrages, se tire des mines et des rivières, on aurait pu énumérer toutes ses propriétés, dire qu'il est électrique par frottement, qu'il est la matière même de la lumière devenue concrète, ainsi que l'ont avancé certains auteurs, qu'il se compose uniquement de *carbone*, c'est-à-dire que c'est un véritable charbon susceptible de brûler, et que, comme ce dernier, il a la faculté de convertir le fer en acier : mais cette définition eût été au-dessus d'une intelligence non encore exercée à l'analyse chimique, et il eût été aussi difficile de faire croire à mes jeunes lecteurs que le diamant est du charbon, que de leur persuader que des charbons sont des diamans.

En définissant la profession de marin, il eût été facile aussi de ne rien omettre de ce qui concerne la mâture, les voilures, le carénage, les ancres et le bastingage ; parler de *boulines*, de *cargues d'artimon*, de *haubans*, de *balancines de gui*, de *maître-bans*, de *fourcats et demi-fourcats*, de *bandes de ris*, de *civadières*, de *quenouillettes* et *d'emboudinures* : mais ces expressions, nécessaires ou indispensables dans un traité complet ou dans un dictionnaire d'arts et métiers, seraient sans utilité dans un recueil portant pour titre *la Science en Miniature*, et qui, pour correspondre à ce titre, doit se borner à présenter la substance de la matière qu'il traite.

Ces observations, auxquelles il serait difficile de ne pas se rendre, suffiront sans doute pour justifier l'intention d'un ouvrage qui ne peut manquer de plaire à la classe de lecteurs pour laquelle il a été entrepris, et qui ne lui aurait offert que des dégoûts, si, au lieu de lui indiquer ce qu'il y a de plus intéressant à connaître dans un art ou un métier, on en eût épuisé jusqu'aux détails les plus minutieux.

Ce Recueil contient les professions placées au premier rang par les services qu'elles rendent journellement à la société ; car sans le maçon, le serrurier, le potier de terre, le boulanger, le menuisier et autres ouvriers de cette nature, l'homme civilisé serait bientôt réduit à l'état sauvage.

Il est beaucoup d'autres métiers néanmoins qui, vu nos besoins actuels, sont devenus aussi indispensables que les premiers ; tels sont les états de charron, cordonnier, paveur, carrossier, tourneur, coutelier, imprimeur, perruquier, tailleur, épinglier, relieur, ébéniste, horloger, et une infinité d'autres qui feront nécessairement suite à ce Recueil.

Si l'espoir de le voir réussir dans ce pays comme il l'a fait en Angleterre se réalise, je me ferai un devoir d'y joindre toutes les professions contenues dans la Collection anglaise, et qui l'ont déjà portée à plus de soixante et douze articles, tous accompagnés de dessins aussi corrects et aussi sagement composés que ceux dont ces deux premiers volumes sont ornés.

Cette entreprise me paraît d'autant plus faite pour obtenir en France un accueil favorable, qu'elle a déjà donné et donnera par la suite différens états qui n'existent même pas dans la vaste Collection des Arts et Métiers entreprise par plusieurs membres de l'Académie des Sciences, et qui n'est pas terminée.

FIN.

TABLE

DES PROFESSIONS

DÉCRITES

DANS CE VOLUME.

TABLE.

FIN DE LA TABLE.